10 STEP

1단계

그리스도인의 출발

순출판사
CCC 한국대학생선교회

1단계 그리스도인의 출발

1985년 2월 28일 초판 발행
2013년 3월 27일 개정판 1쇄 발행
2024년 8월 9일 개정판 10쇄 발행

지 은 이 빌 브라이트
발 행 처 순출판사
감　　수 미래사역연구소
디 자 인 아이엠크리에이티브
일러스트 아이엠크리에이티브
주　　소 서울시 종로구 백석동 1가길 2-8
전　　화 02)722-6931~2 팩 스 02)722-6933
인 터 넷 http://www.kccc.org
등록번호 제 2020-000159호

값 2,500원
ISBN 978-89-389-0263-4

책 내용과 관련된 문의는 한국대학생선교회_미래사역연구소 (02-397-6269)로 문의 바랍니다.

CCC 10단계 성경교재

〈개정판〉

그리스도인은 날마다 영적으로 성장해야 합니다. 그리스도인이 성숙할수록 주님의 은혜를 더욱 풍성히 누리고 또 세상에서 주님을 위해 영향력 있는 삶을 살 수 있습니다.

CCC 10단계 성경교재〈개정판〉은 영적 성장에 필요한 하나님 말씀의 기본적이고 핵심적인 내용들을 담고 있습니다. 이 책을 공부하면 성경에 대한 지식과 중요한 교리뿐만 아니라 기독교 신앙의 광범위한 개관을 체계적으로 알 수 있으며 그리스도인의 삶의 특성과 그리스도인의 특권과 책임에 대해서도 배울 수 있습니다. 또한 나 자신의 영적 성장만 아니라 다른 사람을 그리스도에게 인도하거나 그의 믿음이 성장하도록 도울 수 있습니다.

이 교재는 중 · 고등학생에서부터 대학생과 성인, 모두가 사용할 수 있으며, 혼자서 공부할 수도 있고 그룹으로 함께 공부할 수 있는 주제별 성경공부 교재입니다.

CCC 10단계 성경교재〈개정판〉은 국제 CCC 창설자이신 고(故) 빌 브라이트 박사님의 지도하에 만들어진 책입니다. 책의 앞에 나오는 글은 빌 브라이트 박사가 하신 이야기입니다. 이 책은 본래 있던 교재를 다시 개정한 것입니다.

순(筍)

이새의 줄기에서 뻗어 나온 연한 순(筍)은 주님을 가리킨다(사 11:1; 53:1–12). 순은 가지에서부터 무한히 뻗는 동안 잎과 꽃과 열매를 맺는다. 순은 자신을 위해 있는 것이 아니라 숨어버리는 무한한 생명의 전달자요, 나룻배요, 어머니요, 수단이요, 기능일 뿐이다. 오늘도 CCC의 순(제자화를 위한 소그룹)은 이 땅에 '푸르고 푸른 그리스도의 계절'이 오도록 강인한 생명력으로 힘차게 뻗어가고 있다.

순(筍)출판사는 주님의 지상명령 성취와 한국 교회를 섬기기 위한 CCC의 문서사역을 감당합니다.

10 STEP
그리스도인의 성장을 위한
CCC 10단계 성경교재

그리스도인의 출발

예수 그리스도와 함께 시작하는 삶

예수 그리스도 한분 외에는, 그 어떤 종교의 창시자도 자신을 하나님이라고 주장한 사람이 없다. 이슬람교의 창시자 마호메트는 자신을 하나님의 예언자로 자칭했고, 그의 시체는 무덤 속에 남아 있다. 석가모니, 공자, 조로아스터를 포함한 다른 모든 종교의 창시자나 지도자의 경우도 마찬가지이다.

그러나 나사렛 예수는 다르다. 여러 면에서 그들과는 비교할 수 없다. 그의 출생은 이미 수백 년 전, 구약의 선지자들에 의해 어디서 어떻게 태어날 것인지 자세하게 예언되었다. 이 모든 예언을 성취한 그의 생애나 모범된 일생은 아무도 따라할 수 없다. 스스로 하나님이라고 주장하셨기 때문에 십자가에 달려 죽으셨고, 자신의 주장을 확증하기 위해 그분은 다시 살아나셨다. 역사는 그의 부활이 사실임을 확실히 증거하며, 그 예수는 지금도 살아 계신다.

그렇다면 이 모든 사실들이 우리에게 어떤 의미가 있는가? 분명한 것은 그의 부활이 우리의 실제 생활에서 생명으로 역사한다는 사실이다. 우리 안에 거하기 시작하신 예수 그리스도는 우리의 모든 것을 그에게 맡기기 원하신다. 그를 우리 인생의 주인으로 삼기를 원하신다.

골로새서 1:15, 16은 '그리스도는 보이지 않는 하나님의 형상이시며 모든 피조

물보다 먼저 계셨기 때문에 영적인 것이나 물질적인 것이나 모든 것이 그를 통해 창조되었다.'고 말씀하고 있다. 이 창조 과정에는 사람도 포함되었다.

우리는 하나님의 아들 예수 그리스도에 의해 창조되었기 때문에 '나는 어디서 왔는가? 나는 왜 여기 있는가? 나는 어디로 갈 것인가?'에 관한 가장 근본적인 질문에 대답할 분은 오직 예수 그리스도밖에 없다.

당신의 생명을 창조하신 바로 그분을 당신 삶에 초청할 때 당신은 새 생명, 즉 부활의 생명을 얻게 된다. 그분이 당신 삶을 다스리시기 때문에 당신은 패배와 좌절의 삶에서 벗어나, 그분이 주시는 삶의 목적에 따라 의미 있고 능력 있는 삶을 살게 된다. 당신은 이제 더 이상 우연의 존재가 아니라 하나님의 자녀이다.

많은 사람들이 기독교는 하나님 나라에 소망을 둔 채, 이 땅에서 고난을 견뎌 내는 삶을 사는 것이라고 오해한다. 그러나 그리스도인들을 향한 주님의 뜻은 그들이 풍성한 열매를 맺는 삶을 사는 것이다. 당신이 예수 그리스도를 개인의 구주와 주님으로 모셔들인다는 것은 이 세상에서 경험할 수 있는 그 어떤 것보다도 가장 위대한 특권과 모험이 될 것이다.

제 1 과

하나님 나라의 비자 받기

- 그리스도인의 확신 -

학 습 목 표 : 새 신자에게 영생과 구원의 확신을 갖게 한다.

우리가 해외여행을 할 때 가장 먼저 준비해야 할 일은 여권을 만들고 비자를 발급받는 일일 것이다. 그리스도인이 되는 것도 이와 비슷하다고 할 수 있다. 하나님 나라를 여행하기 위해서는 하나님 나라에 들어가기 위한 영적 여권과 비자를 발급받아야 한다.

이 과에서는 어떻게 하나님 나라 비자를 받을 수 있는지, 하나님 나라에서 우리가 얻게 되는 유익과 누리게 될 특권이 무엇인지 알아볼 것이다.

구약 시대의 사람들은 오실 메시아를 믿음으로 기다렸고 신약 시대의 사람들은 오신 메시아를 믿음으로 받아들인다. 이들이 믿고 받아들이는 일들은 모두 예수 그리스도의 독특한 생애 속에서 이루어졌다. 예수님의 생애에서 이루어진 십자가의 죽음과 부활이라는 역사적 사건이 그리스도인들의 신앙의 근거가 된다.

예수 그리스도의 십자가의 죽음과 부활은 그가 하나님께서 구약에 약속하신 메시아요, 세상의 구주이심을 증거한다. 우리는 예수 그리스도를 믿음으로 하나님 나라에 들어갈 수 있다.

요한복음은 '믿는다'는 단어를 여러 번 반복하고 있으며, 그 기록 목적은 예수 그리스도를 믿게 하는 것이다. 요한복음 20:31은 복음서의 기록 목적을 우리에게 말해 주고 있다. "너희로 예수께서 하나님의 아들 그리스도이심을 믿게 하려 함이요 또한 너희로 믿고 그의 이름을 힘입어 생명을 얻게 하려 함이니라" (밑줄은 편집자 강조).

1 그리스도인의 확신

† 일반적으로 사람들은 어떤 사람이 하나님 나라에 들어갈 수 있다고 생각하는가?
† 그리스도인이 되기 전, 당신은 어떻게 그리스도인이 될 수 있다고 생각했는가?
† 그리스도인은 아니지만 착하게 사는 사람들은 어떻게 되겠는가?

1) 성경은 그리스도인이 되기 위해 어떻게 해야 한다고 가르치고 있는가?

(1) 요한복음 1:12-13

(2) 요한복음 5:24

2) 그리스도는 우리의 죄를 어떻게 하셨는가? (벧전 2:24-25)

베드로전서 2:24-25 [24]친히 나무에 달려 그 몸으로 우리 죄를 담당하셨으니 이는 우리로 죄에 대하여 죽고 의에 대하여 살게 하려 하심이라 그가 채찍에 맞음으로 너희는 나음을 얻었나니
[25]너희가 전에는 양과 같이 길을 잃었더니 이제는 너희 영혼의 목자와 감독 되신 이에게 돌아왔느니라

그 결과는 당신과 어떤 관계가 있는가?

만약 당신이 자동차 속도위반으로 법정에 출두했는데, 재판장이 바로 당신 아버지였다고 가정해 보자. 당신이 재판장의 아들이기 때문에 형벌을 받지 않고, 다른 사람들에게만 형벌을 부과했다면 공정한 재판이라고 생각하는가? 아니다. 아버지가 재판장이었지만 공정한 재판이 진행되었고, 당신은 천만 원 벌금형이나 90일 구류형을 선고받았다. 그런데 벌금을 지불할 돈이 없어 당신은 90일 동안 형을 살아야 할 위기에 처했다. 당신 아버지는 어떻게 하겠는가? 아마도 아버지는 법복을 벗고 내려와 사랑하는 아들을 위해 천만 원을 대신 지불해 줄 것이다. 그러면 당신은 형을 살지 않고 자유를 얻을 수 있을 것이다. 당신이 자유를 누릴 유일한 방법은 아버지의 벌금 지불을 받아들이는 것뿐이다.

우리도 하나님의 법을 범했고, 죽음의 형벌이 선고되었다. 그러나 하나님이 우리를 사랑하셔서 그의 아들을 보내어 십자가에서 대신 죽게하심으로 우리 죄의 대가를 지불하셨다. 우리는 예수님이 치르신 지불 행위를 받아들이기만 하면 우리의 모든 죄는 용서받게 되고 심판을 받지 않게 된다.

3) 우리는 어떻게 그리스도인임을 확신할 수 있는가?

(1) 예수님을 따르는 양의 특징은 무엇인가? (요 10:27)

(2) 예수님이 친히 말씀하신 그리스도와 당신과의 관계는 어떠한가? (요 10:28-30)

(3) 하나님께서 그 아들에 관해 주신 증거를 믿지 않는 자에 대해 성경은 어떻게 묘사하고 있는가?

요한일서 5:9-11

요한일서 5:9-11 9만일 우리가 사람들의 증언을 받을진대 하나님의 증거는 더욱 크도다
하나님의 증거는 이것이니 그의 아들에 대하여 증언하신 것이니라 10하나님의 아들을 믿는
자는 자기 안에 증거가 있고 하나님을 믿지 아니하는 자는 하나님을 거짓말하는 자로 만드나니
이는 하나님께서 그 아들에 대하여 증언하신 증거를 믿지 아니하였음이라 11또 증거는 이것이니
하나님이 우리에게 영생을 주신 것과 이 생명이 그의 아들 안에 있는 그것이니라

태평양은 우리가 그것을 보거나 경험하는 것과 관계없이 있는 그대로 존재한다. 안개가 가득 차 우리 시야에서 바다가 사라지고, 심지어 가까이에 있는 것조차 볼 수 없을 때가 있다. 보이지 않는다고 바다가 없는가? 바다는 거기 그대로 있다. 왜냐하면 그것은 변함없는 사실이기 때문이다. 영생 또한 우리가 그것을 느끼든 못 느끼든 간에 존재하는 변함없는 사실이다.

세상에는 오직 두 종류의 사람만 있다. 그리스도를 모심으로 영생을 소유한 사람과 그렇지 않은 사람이다. 중립적인 사람은 없다. 전 세계의 모든 사람은 한국 국민이거나 아니거나 둘 중에 하나이다. 당신이 바로 옆 중국에 살든 지구 반대편 브라질에 살든 상관없이 한국인의 한 사람으로 태어나거나 또는 귀화했다면 한국 국민이다. 한 사람이 그리스도를 몹시 존경하거나 그를 믿고 싶어 한다 할지라도, 그가 그리스도를 영접할 때까지는 무신론자와 똑같이 그리스도인이 아니다.

하나님 나라를 가기 위한 비자를 얻었는가?

예수님만 믿으면 비자를 받는다. 이제 하나님 나라를 여행할 자격이 주어졌다.

2 새 생명

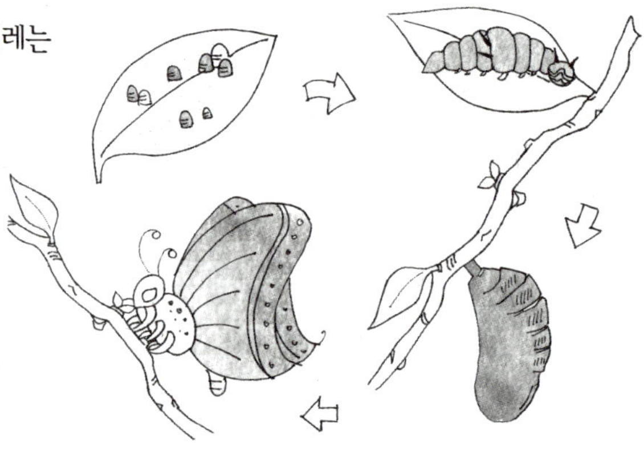

먼지 속을 기어 다니는 쐐기벌레는 털이 많고 흉한 모습을 갖고 있다. 그러나 어느 날부터 이 벌레는 자기 몸 둘레에 고치를 짓는다. 얼마 후 고치에서는 아름다운 나비가 나온다. 우리는 그동안 무슨 일이 일어났는지 정확하게는 모른다. 우리가 아는 것은 먼지 속을 기어 다니던 벌레가 아름다운 나비가 되어 하늘 높이 날아다닌다는 사실뿐이다. 그리스도인의 생활도 이와 같다. 과거에는 죄 많고 자기중심적인 생활을 했지만, 이제는 하나님의 자녀로서 충만하고 풍성한 생활을 체험하며 가장 높은 기준의 삶을 살게 되었다.

우리는 영적 출생을 통해 그리스도인이 될 수 있다.

1) 예수님은 니고데모에게 하나님 나라에 들어가려면 어떻게 해야 한다고 말씀하셨는가? (요 3:3, 7)

니고데모는 유대인들을 지도하는 바리새인이었고, 당대 위대한 종교 지도자 중 한 사람이었다. 그는 매우 도덕적이고 윤리적인 사람이었으며 하루에 일곱 번 기도했고 하루에 세 번씩 성전에서 예배를 드렸다. 그는 선한 사람이었지만, 예수님은 그에게 "거듭나야 한다."고 말씀하셨다.

2) 사람은 출생을 통해 자연스럽게 가족, 사랑, 부귀, 돌봄, 보호 등 여러 가지 특권들을 부여받게 된다. 하나님의 자녀로 태어날 때도 그렇다. 영적 출생으로 하나님의 자녀가 되면 영생을 얻고 영적 유산을 받으며 하나님의 사랑과 보호와 돌보심을 선물로 받는다. 이것은 모두 하나님의 무한하신 사랑의 선물이다. 하나님의 선물은 사람의 감정에 의존하지 않고 그분의 절대 변치 않는 말씀 위에 근거를 둔다.

   아래 말씀에 근거하여 당신이 하나님께 선물로 받은 것들을 적어 보라.

   (1) 에베소서 1:7

에베소서 1:7 우리는 그리스도 안에서 그의 은혜의 풍성함을 따라 그의 피로 말미암아 속량 곧 죄 사함을 받았느니라

(2) 로마서 5:1

로마서 5:1 그러므로 우리가 믿음으로 의롭다 하심을 받았으니 우리 주 예수 그리스도로 말미암아 하나님과 화평을 누리자

우리는 하나님과 화목하게 되었다. 성경에 의하면, 믿지 않는 자들은 자신이 알든 모르든 하나님과 싸우고 있다. 평화는 오직 예수 그리스도를 영접할 때 이루어진다. 그리스도를 통해 화해하기 전까지는 하나님과의 교제나 친밀함을 누릴 가능성은 전혀 없다.

(3) 로마서 3:22

로마서 3:22 곧 예수 그리스도를 믿음으로 말미암아 모든 믿는 자에게 미치는 하나님의 의니 차별이 없느니라

(4) 골로새서 1:27

골로새서 1:27 하나님이 그들로 하여금 이 비밀의 영광이 이방인 가운데 얼마나 풍성한지를 알게 하려 하심이라 이 비밀은 너희 안에 계신 그리스도시니 곧 영광의 소망이니라

3) 당신이 예수 그리스도를 안다는 것을 확신시켜 줄 세 가지 증거는 무엇인가?

(1) 요한일서 2:3

요한일서 2:3 우리가 그의 계명을 지키면 이로써 우리가 그를 아는 줄로 알 것이요

(2) 요한일서 3:14

요한일서 3:14 우리는 형제를 사랑함으로 사망에서 옮겨 생명으로 들어간 줄을 알거니와 사랑하지 아니하는 자는 사망에 머물러 있느니라

(3) 로마서 8:16

....

....

로마서 8:16 성령이 친히 우리의 영과 더불어 우리가 하나님의 자녀인 것을 증언하시나니

당신은 항상 당신 부모님의 자녀다. 이것은 변하지 않는다. 당신은 부모님과 논쟁할 수도 있고 심지어 한 동안 아무 말도 하지 않고 교제 없이 지낼 수도 있지만, 여전히 그분들의 자녀다. 만약 우리가 그리스도인이라면, 우리는 언제나 하나님의 자녀다. 심지어 죄를 지어 그분과의 교제를 잠시 잃을 때에도 그분의 자녀인 것은 변함이 없다.

적용

1. 이 과에서 당신에게 가장 의미 있는 것은 무엇인가?

2. 당신은 하나님 나라의 비자를 받았는가? 받았다면, 이제 무엇을 기대하는가?

3. 당신이 하나님 나라의 비자를 받고 하나님 나라에 들어왔다면 많은 특권을 누리게 될 것이다. 그 중 하나인 하나님과 화평을 누린다면, 당신에게 어떤 유익이 있겠는가?

우리가 그리스도를 영접했을 때 그가 우리에게 영생을 주셨다는 것을 확신한 결과는 무엇인가? 확신이 없는 그리스도인은 하나님께서 자신 안에 계신지를 알 수 없기 때문에, 하나님을 두려움으로 바라보게 된다. 그래서 항상 패배하고 비참한 생활을 한다. 그러나 확신을 가진 그리스도인은 자신이 하나님께 속해 있음을 알기 때문에 기쁘게 살 수 있으며 하나님을 두려워하기보다는 그를 사랑하고 섬기는 것을 배울 것이다. 또한 하나님이 우리를 위해 계획하신 목적에 따라 의미 있는 생활을 하며, 하나님을 기쁘시게 할 수 있다.

외울 말씀 요한복음 10:27
내 양은 내 음성을 들으며 나는 그들을 알며 그들은 나를 따르느니라

읽을 말씀 요한복음 3:1-20; 요한일서 5:9-15

제2과

여행자의 마음가짐

- 그리스도가 주관하시는 생활 -

학 습 목 표 : 그리스도인의 삶은 자신이 주관하는 삶이 아니라 그리스도가 주관하시는 삶이라는 것을 알게 한다.

여행을 하다보면 다양한 사람들을 만나게 된다. 그들 중에는 자신들이 정한 목적지를 향해 계획한 시간에 도착하기 위해 부지런히 가는 사람들이 있는가 하면, 어떤 사람들은 가는 도중에 다른 것들에 관심을 쏟느라 정작 가야 할 여행 목적지에 도달하지 못하거나 목적지에서만 누릴 수 있는 여행 최고의 즐거움을 놓쳐버리는 사람들이 있다. 어떤 사람이 미국 횡단여행을 계획했는데 그만 라스베이거스에서 카지노 게임에 빠져 여행을 위한 돈과 시간을 다 써버리고 말았다. 그는 결국 자신이 계획한 여행 본래 목적을 상실한 채, 그 여행을 실패로 끝내게 될 것이다.

당신의 삶에서도 이런 경험이 있었는가? 혹은 이런 사람들을 알고 있는가?

하나님 나라로 가는 영적 여행에도 바른 마음가짐을 갖지 못해 엉뚱한 방향으로 여행하거나, 뜻하지 않은 실패로 여행을 끝내는 사람들이 있다. 영적 여행에서 나타나는 세 종류의 사람들에 대해 알아보고 어떻게 해야 올바른 영적 여행을 할 수 있는지 공부해 보자.

사람들은 그리스도인의 신앙생활에 대해 많은 오해를 한다. 어떤 사람은 믿음으로 예수 그리스도를 영접한 후에는 스스로 최선을 다해 살아감으로써 하나님을 기쁘시게 할 수 있다고 생각한다. 또 어떤 사람은 그리스도께서 그의 삶에 들어오셔서 자신이 살고자 하는 대로 도와주는 든든한 후원자 정도로 생각하고, 이것이 하나님의 영광을 위한 일이라고 생각한다. 이런 생각들은 옳은 것 같아 보이지만, 그리스도인의 삶에 가장 중요하면서도 기초가 되는 것을 오해하고 있으므로 생명력 있는 그리스도인의 삶을 방해한다.

사실 그리스도인의 온전한 삶은 힘든 정도가 아니라 불가능하다. 오직 예수 그리스도 한 분만이 그리스도인의 삶을 살 수 있다. 그분은 오늘도 그리스도인들을 통하여 그 분의 삶을 살기 원하신다. 필립스(Phillips)는 그가 번역한 신약성경의 서문인 〈개척교회에 보내는 편지〉에서 이렇게 말한다.

> "이 편지들(신약성경의 서신서)을 보면 초대 기독교와 현대 기독교 사이에는 큰 차이가 있다. 즉 우리에게는 모방에 불과한 반면, 그들에게는 생생한 체험이었다. 우리는 때로 기독교 신앙을 하나의 법전 혹은 마음이나 생활의 규율로 전락시키지만 초대 기독교인들은 새로운 삶의 질로 그들의 생활에 받아들였다. 그들은 이것을 '그리스도가 내 안에 사심'(갈 2:20) 이라고 고백하기를 주저하지 않았다."

"어떻게 생명력 있는 신앙생활을 할 수 있을까?"

성경에 나오는 세 종류의 사람을 살펴보고 그 비결을 알아보자.

고린도전서 2:14-3:3에서는 세 종류의 사람, 즉 비그리스도인, 성령 충만한 그리스도인, 세상적인 그리스도인을 소개하고 있다. 당신이 그리스도인으로서 신나는 믿음의 여행을 즐기고 싶다면, 다음에 등장하는 세 종류의 사람 중에서 어떤 사람이 되어야 하겠는가?

고린도전서 2:14-3:3을 읽으라.

1 비그리스도인

세상 사람들이 추구하는 것은 무엇인가, 그것을 얻었다고 해서 인생의 행복이 보장되는가?

문학의 천재 헨리 소로우(Henry Thoreau)는 "사람들은 대부분 고요한 절망 속에서 살고 있다."고 했으며, 미국의 일류 만화가 랄프 바톤(Ralph Barton)도 죽기 전에 "나는 친구가 많았고 성공도 했으며 어려움이라곤 별로 없었다. 결혼도 여러 번 해 보았고, 이 집 저집 옮겨다니며 살아보았으며, 여러 나라를 여행해 보았지만 단 하루도 마음의 피로가 사라진 날이 없었다. 하루 24시간을 메우는 일에 진력이 났다."고 말했다. 무엇으로도 채울 수 없는 인생의 공허함에 대해 철학자 파스칼(Pascal)은 "모든 사람의 마음속에는 하나님이 만드신 하나의 공백이 있다. 이것은 어떠한 피조물로도 채워질 수 없고 오직 예수 그리스도를 통해 하나님에 의해서만 채워질 수 있다."고 말했다.

다음 그림은 여행의 목적지를 모르는 사람, 곧 그리스도를 구주와 주님으로 영접하지 않은 비그리스도인의 삶을 나타내고 있다(고전 2:14).

내가 나의 주인인 삶

나 – 내 인생의 왕좌에 나 자신이 앉아 있으며

✝ – 그리스도는 내 인생의 밖에 계신다.

● – 모든 일을 나 자신이 주관하므로
자주 좌절과 혼란에 빠진다.

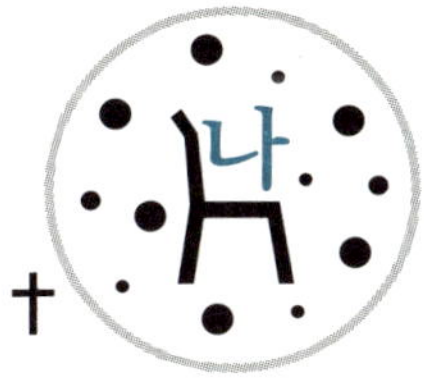

1) 성경은 비그리스도인을 어떻게 표현하고 있는가?

(1) 고린도전서 2:14

(2) 로마서 6:6

2) '육에 속한 사람은 하나님의 성령의 일을 받지 않는다.'는 말씀은 무슨 뜻인가? (고전 2:14)

3) 그리스도가 없는 사람의 세 가지 특징은 무엇인가? (엡 2:1-3)

에베소서 2:1-3 [1]그는 허물과 죄로 죽었던 너희를 살리셨도다 [2]그 때에 너희는 그 가운데서
행하여 이 세상 풍조를 따르고 공중의 권세 잡은 자를 따랐으니 곧 지금 불순종의 아들들

가운데서 역사하는 영이라 3전에는 우리도 다 그 가운데서 우리 육체의 욕심을 따라 지내며 육체와 마음의 원하는 것을 하여 다른 이들과 같이 본질상 진노의 자녀이었더니

4) 예수님께서 말씀하신 사람의 마음속에서 나오는 열두 가지 나쁜 생각을 적어 보라. (막 7:20-23)

5) 비그리스도인과 하나님과의 관계를 요약해 보라. (요 3:36)

2 성령 충만한 그리스도인

이 그림은 여행의 목적지를 분명히 알며, 목적지를 향해 갈 때 곁길로 가지 않는 사람, 곧 성령 충만한 그리스도인의 삶을 나타낸다. 성령 충만한 그리스도인은 그리스도 중심의 생활을 하며 자신은 삶의 중심에서 내려와 모든 것을 그리스도에게 맡기는 사람이다(고전 2:15-16).

· 사랑
· 희락
· 화평
· 인내
· 자비
· 양선
· 충성
· 온유
· 절제

· 그리스도 중심의 생활
· 성령의 권능을 받음
· 다른 사람을 그리스도께 인도
· 응답받는 기도 생활
· 하나님의 말씀을 깨달음
· 하나님을 신뢰
· 하나님께 순종

1) 성령 충만한 삶을 사도 바울은 어떻게 말하고 있는가? (갈 2:20)

갈라디아서 2:20 내가 그리스도와 함께 십자가에 못 박혔나니 그런즉 이제는 내가 사는 것이 아니요 오직 내 안에 그리스도께서 사시는 것이라 이제 내가 육체 가운데 사는 것은 나를 사랑하사 나를 위하여 자기 자신을 버리신 하나님의 아들을 믿는 믿음 안에서 사는 것이라

케네스 웨스트(Kenneth Wuest)는 변화된 바울의 삶에 대해 다음과 같이 말한다.

"바울은 자기 힘으로 율법에 순종하여 살려고 하지 않고 하나님을 기쁘시게 하는 삶을 살기 위해 내주하시는 성령님과 동행했다."

갈라디아서 2:20의 그리스도가 주관하시는 생활은 예수 그리스도가 그리스도인을 통하여 살고 계신다는 것을 분명하게 말해 준다. 그리스도가 우리를 통해 사신다고 해서 우리의 개성이 무시되는 것은 아니다. 삶의 과정 가운데 어떤 모난 부분은 고치실 수도 있겠지만, 우리의 독특한 개성을 통해 그리스도는 그분 자신을 표현하신다. 바울은 회심하기 전에는 논리적인 사상가였고, 하나님께서는 그의 학문적 깊이를 사용하셔서 논리 정연한 로마서를 쓰게 하셨다. 반면에 하나님께서는 직관과 감성이 풍부한 요한을 사용하셔서 영적이고 상징이 풍부한 요한복음을 쓰게 하셨다. 하나님께서는 사람들의 개성을 완전히 바꾸시는 것이 아니라, 그들의 개성을 그분의 도구로 사용하신다.

2) 성령 충만한 그리스도인의 삶을 사는 능력은 어디에서 받는가? (빌 4:12-13)

빌립보서 4:12-13 [12]나는 비천에 처할 줄도 알고 풍부에 처할 줄도 알아 모든 일 곧 배부름과
배고픔과 풍부와 궁핍에도 처할 줄 아는 일체의 비결을 배웠노라 [13]내게 능력 주시는 자 안에서
내가 모든 것을 할 수 있느니라

3) '내가 나를 지배할 때'와 '성령이 나를 지배할 때' 어떤 차이가 있는가?

사례 1 : 누가 나를 비방할 때

사례 2 : 내가 경제적으로 어려울 때

사례 3 : 갑작스런 어려움(예: 질병, 부모님의 이혼, 억울하게 해고 당함 등)을 당할 때

3 세상적인 그리스도인

세 번째 사람은 여행의 목적지는 알지만 여행 중에 길을 잃거나, 다른 것들에 정신이 팔려 본래 여행 목적을 잃어버려서 목적지에서 맛보게 될 복을 누리지 못하고 힘들고 괴로운 여행을 하는 사람이다. 고린도전서 3:1-3에 의하면 이런 믿음의 여행을 하는 사람을 세상적인 그리스도인이라고 부른다. 아래 그림은 그리스도인이지만 자기의 힘으로 살아가려고 하는 사람을 보여 준다. 그 결과 하나님과 친밀한 교제를 누리지 못하고 비그리스도인 같은 삶을 산다.

· 율법적 태도
· 불순한 생각
· 질투
· 죄책감
· 걱정
· 낙심
· 비판적인 태도
· 좌절

· 목적 상실
· 두려움
· 영적 유산에 대한 무관심
· 불신
· 불순종
· 하나님과 다른 사람에 대한 사랑을 잃어버림
· 부실한 기도생활
· 성경공부에 대한 열이 식음

1) 고린도전서 3:1-3에서 언급한 육신에 속한 그리스도인에 대해 말해 보라.

루스 팩슨(Ruth Paxson)은 육신에 속한 사람에 대하여 다음과 같이 말했다.

"그리스도를 그 마음에 모셨지만 가장 높고 가장 좋은 자리에 모시지 않았다. 그는 하늘과 땅, 두 세계의 생활을 다 잘하려고 애쓴다. 그러나 그는 둘 다 실패한다."

2) 우리가 육체적 본능에 굴복함으로써 생기는 육체의 일을 모두 적어 보라. (갈 5:19-21)

갈라디아서 5:19-21 19육체의 일은 분명하니 곧 음행과 더러운 것과 호색과 20우상 숭배와
주술과 원수 맺는 것과 분쟁과 시기와 분냄과 당 짓는 것과 분열함과 이단과 21투기와 술
취함과 방탕함과 또 그와 같은 것들이라 전에 너희에게 경계한 것 같이 경계하노니 이런 일을
하는 자들은 하나님의 나라를 유업으로 받지 못할 것이요

3) 육신을 따르는 그리스도인의 삶을 하나님 앞에서 어떻게 평가할 수 있는가? (롬 8:7)

로마서 8:7 육신의 생각은 하나님과 원수가 되나니 이는 하나님의 법에 굴복하지 아니할 뿐 아니라 할 수도 없음이라

어떻게 하면 세상적인 그리스도인이 자기중심적인 생활의 문제를 해결할 수 있는가?

4 해결책 : 영혼의 호흡

세상적인 그리스도인이 성령 충만한 그리스도인이 되기 위한 해결책은 바로 "영혼의 호흡"이다. 영혼의 호흡이란 우리가 숨을 쉴 때 이산화탄소를 내뿜고 산소를 들이마시듯이 우리의 더러운 죄를 내뿜고 성령 충만을 받는 것이다.

영혼의 호흡은 다음의 3단계를 통해 이루어진다.

1) 1단계 : 당신의 모든 죄를 고백하라.

내가 내 생활을 주관한 죄와 함께 도덕적인 모든 죄를 고백하는 것은 영혼의 호흡에서 내뿜는 것에 해당한다.

(1) 하나님께 죄를 고백하면 하나님은 어떻게 하시는가? (요일 1:9)

(2) 죄를 숨기는 것과 인정하는 것의 결과는 어떻게 다른가? (시 32:1-5)

시편 32:1-5 [1]허물의 사함을 받고 자신의 죄가 가려진 자는 복이 있도다 [2]마음에 간사함이
없고 여호와께 정죄를 당하지 아니하는 자는 복이 있도다 [3]내가 입을 열지 아니할 때에 종일
신음하므로 내 뼈가 쇠하였도다 [4]주의 손이 주야로 나를 누르시오니 내 진액이 빠져서 여름
가뭄에 마름같이 되었나이다 [5]내가 이르기를 내 허물을 여호와께 자복하리라 하고 주께 내
죄를 아뢰고 내 죄악을 숨기지 아니하였더니 곧 주께서 내 죄악을 사하셨나이다

① 다윗이 죄를 숨기고 고백하지 않았을 때의 심정을 묘사해 보라. (3-4절)

② 다윗이 죄를 고백했을 때 어떤 일이 일어났는가? (5절)

③ 다윗은 자신의 경험을 통하여 어떤 결론을 내리는가? (1-2절)

2) 2단계 : 삶의 중심을 그리스도께 드려라.

성령께서 내 마음의 중심에 계셔서 나를 다스리시도록 내어드리는 것은 성령 충만을 받는 것이다. 이는 영혼의 호흡에서 들이마시는 것에 해당한다.

로마서 12:1-2에서 우리 자신을 드리는 것에 대해 바울이 어떻게 묘사하는지 당신 자신의 말로 써보라.

3) 3단계 : 삶의 중심을 그리스도께 드릴 때, 나를 다스려주심을 믿음으로 확신하라.

(1) 당신이 그리스도 중심의 삶을 살기 위해 기도할 때, 그리스도께서 당신 중심에 들어오심을 어떻게 확신할 수 있는가? (요일 5:14-15)

(2) 우리가 그리스도를 영접한 후 그리스도께서 계속 우리 삶을 다스리시도록 하려면 어떻게 해야 하는가? (골 2:6-7)

골로새서 2:6-7 [6]그러므로 너희가 그리스도 예수를 주로 받았으니 그 안에서 행하되 [7]그 안에
뿌리를 박으며 세움을 받아 교훈을 받은 대로 믿음에 굳게 서서 감사함을 넘치게 하라

(3) 그리스도인이 계속해서 믿음으로 사는 것이 왜 그렇게 중요한가?
(히 11:6; 롬 14:23; 1:17)

적용

풍성한 생활의 비결은 매순간마다 예수 그리스도께 우리의 삶을 주관하시도록 맡기는 것이다. 죄를 지었다는 것을 깨닫는 순간, 즉시 그 죄를 하나님께 고백하고 그가 용서해 주신 것을 감사드리며, 마음의 중심을 그리스도께 다시 양도하여 계속해서 하나님과의 교제 가운데 행해야 한다.

1. 이 과에서 당신에게 가장 의미 있는 것은 무엇인가?

2. 당신의 생활 가운데 예수 그리스도의 지배를 받을 필요가 있다고 생각하는 부분은 어떤 것인가?

3. 요한일서 1:9을 생활에 의미 있게 적용하려면:
   종이에 당신의 죄와 잘못된 것들을 생각나는 대로 모두 적어라. 그 위에 요한일서 1:9을 써서 그 은혜를 당신의 것으로 받아들여라. 용서해 주심과 깨끗하게 해주심에 대해 하나님께 감사드리고 그 종이를 태워버려라.

외울 말씀 빌립보서 4:13
내게 능력 주시는 자 안에서 내가 모든 것을 할 수 있느니라

읽을 말씀 고린도전서 2:11-3:5; 갈라디아서 5:16-24

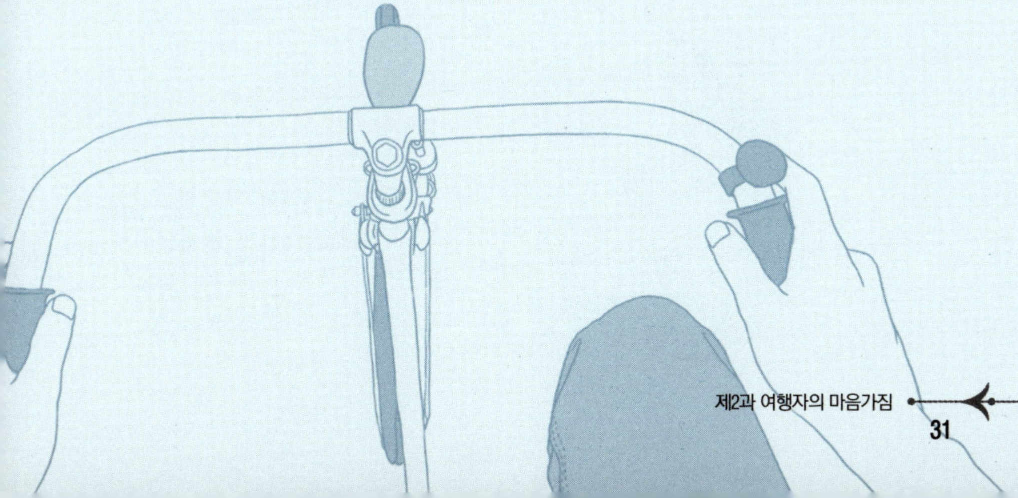

제3과

다섯 가지 여행 필수품

-신앙 성장을 위한 5대 원리-

학 습 목 표 : 신앙 성장에 필수적인 다섯 가지 요소를 이해하고 실천한다.

당신이 무인도 탐험을 위한 여행을 한다면 꼭 가지고 가고 싶은 다섯 가지는 무엇인가?

다른 나라를 여행하려고 할 때 여권과 비자를 발급 받은 다음에는 여행 필수품들을 준비하는 것이 중요하다. 예수 그리스도와 함께하는 하나님 나라의 여행에도 반드시 준비해야 할 필수품들이 있다.

그리스도를 영접하는 것은 당신 생애에 가장 중대한 결단이다. 그러나 그리스도를 영접했다고 해서 저절로 영적으로 성숙하는 것은 아니다. 그리스도인의 삶은 믿음으로 시작해서 믿음으로 살아가는 하나의 과정이다.

이 과에서는 그리스도인으로서 믿음의 여행을 100배 즐기기 위해 꼭 필요한 준비물이 무엇인지 알려 줄 것이다.

1 첫 번째 필수품 - 나침반 : 성경

여행을 할 때 특히 산행을 하거나 정글이나 오지 탐험 같은 여행을 할 경우에 나침반이 필수적이다. 나침반은 기준이 되는 방향을 정해주고, 혹시라도 길을 잃었을 경우 원위치로 돌아와 다시 목표지점을 찾아가도록 도와준다. 그리스도인의 여행에도 영적 나침반, 즉 성경이 꼭 필요하다.

1) 그리스도인에게 성경이 필요한 이유는 무엇인가?

(1) 시편 119:105

> 시편 119:105
> 주의 말씀은 내 발에 등이요 내 길에 빛이니이다

(2) 시편 119:9-11

시편 119:9-11 [9]청년이 무엇으로 그의 행실을 깨끗하게 하리이까 주의 말씀만 지킬 따름이니
이다 [10]내가 전심으로 주를 찾았사오니 주의 계명에서 떠나지 말게 하소서 [11]내가 주께
범죄하지 아니하려 하여 주의 말씀을 내 마음에 두었나이다

2) 예수께서는 "사람이 떡으로만 살 것이 아니요."라고 말씀하셨다. 예수님은 우리가 무엇으로 살아야 한다고 말씀하셨는가? (마 4:4)

3) 하나님께서 인정하시는 일꾼의 두 가지 특성을 써보라. (딤후 2:15)

필립스(Phillips)는 디모데후서 2:15을 다음과 같이 번역했다. "네 자신 스스로 하나님의 인정을 얻고 부끄러울 것이 없는 일꾼이 되기를 힘쓰라. 그리고 말씀을 사용하는 방법을 가장 잘 아는 사람이 되라."

4) 예수님은 하나님의 말씀을 읽고 믿는 자들에 대해 어떻게 말씀하셨는가? (요 8:31)

2 두 번째 필수품 - 휴대 전화 : 기도

여행의 또 다른 필수품은 휴대전화다. 언제 어디에 있든지 항상 가족이나 친구와 여행의 즐거움을 나누고 또 위급한 상황에서 구조를 요청하기 위해서 휴대전화는 필수적이다. 영적 여행에도 휴대전화 같은 기능을 하는 것이 있는데 그것이 바로 기도다.

1) 마태복음 26:36-46을 읽으라.

(1) 예수님은 무엇을 명령하셨는가? 또 그 이유는 무엇인가?

예수께서 그의 제자들에게 '깨어 있어 기도하라'고 명령하셨다. '깨어 있다'라는 말은 '깨어 경계하는 것'을 뜻한다. "경계와 기도는 서로 뗄 수 없는 관계이다. 전자는 위험을 분별하고, 후자는 그것들에 대항하여 무장을 하는 것이다."

– 알렉산더 맥클라렌(Alexander Maclaren).

(2) 베드로가 완전히 실패한 이유는 무엇인가?

메튜 헨리는 베드로의 실패에 대해 다음과 같이 말한다. "베드로는 어느 누구보다도 자신이 유혹에 대항할 준비가 잘 된 것처럼 착각했다. 그러나 이것이 그의 약점이고 어리석음이었다."

(3) 기도하지 않음으로 베드로에게 생긴 가장 중대한 결과는 무엇이었는가?

(4) 그리스도는 그분의 생애에 있어서 가장 가혹한 시련을 어떻게 이기셨는가?

2) 우리는 얼마나 자주 기도해야 하는가? (살전 5:17)

기도는 우리가 사랑하는 하나님 아버지와 대화하고 교제하는 영적 체험이다. 다른 어떤 경험도 기도만큼 그리스도인에게 모든 문제를 이길 수 있는 힘을 주고 문제를 초월하게 해주는 것은 없다. 패배하는 그리스도인의 생활은 많은 경우 기도하지 않기 때문이다. 기도하기가 어려울 때일수록 힘써 기도해야 한다.

3 세 번째 필수품-친구와 동행하기: 그리스도인들과의 교제

여행할 때 가장 중요한 것 중에 하나는 마음에 맞는 친구와 함께 가는 것이다. 물론 혼자 여행하는 사람들도 있지만, 친구들과 함께 여행할 때 많은 유익이 있다. 즐거움도 함께 나누고, 서로 다른 관점에서 보는 여행지의 아름다움이나 신기함을 나눌 때 기쁨은 배가될 것이다. 그리고 여행 중에 혹시 만날 수 있는 어려움도 함께 해결할 수 있어 큰 도움이 된다.

1) 하나님의 자녀로서 우리가 중요하게 생각해야 할 것은 무엇인가? (히 10:23-25)

히브리서 10:23-25 [23]또 약속하신 이는 미쁘시니 우리가 믿는 도리의 소망을 움직이지 말며 굳게 잡고 [24]서로 돌아보아 사랑과 선행을 격려하며 [25]모이기를 폐하는 어떤 사람들의 습관과 같이 하지 말고 오직 권하여 그 날이 가까움을 볼수록 더욱 그리하자

2) 우리가 모여서 서로를 위해 할 수 있는 것은 무엇인가? 초대교회의 예를 통해 찾아보라. (행 2:42)

사도행전 2:42 그들이 사도의 가르침을 받아 서로 교제하고 떡을 떼며 오로지 기도하기를 힘쓰니라

브루스(A. B. Bruce)는 초대교회 교인들의 친밀감과 비교하여 오늘날의 많은 교회들을 식당에 비유했다. "각 계층의 사람들이 좁은 공간에 모여 함께 앉았다가 서로 알고 싶어 하거나 관심도 없이 흩어져버린다."

3) 당신의 시간의 90퍼센트를 불신자와 함께 지내고 10퍼센트를 신자와 함께 지낸다면 어느 편이 당신 생활에 더 영향을 끼치겠는가? 그렇다면 당신은 어떻게 다른 그리스도인들과 교제하는 시간을 늘릴 수 있겠는가?

교제는 예수님을 사랑하는 사람들과 함께 시간을 보내고 같이 일하는 것을 말한다. 그리스도인은 함께 모이면 열정이 타오르지만 혼자 있으면 열정이 식기 쉽다. 교제는 신앙 성장에 있어서 생수와도 같다. 교회 출석이 중요한 이유가 바로 여기에 있다.

4 네 번째 필수품 - 새 친구 사귀기 : 전도

여행의 특별한 재미 가운데 하나는 여행지에서 만난 낯선 사람들을 사귀는 것이다. 또 그들 중에 목적지가 같거나 마음이 맞는 사람이 있어 함께 여행한다면 즐거움은 더 커질 수 있다. 영적 여행도 마찬가지이다. 계속해서 사람들에게 복음을 전하는 것이 중요하다. 그것은 우리에게 꼭 전해야 할 특별한 복음의 메시지가 있고, 우리가 만나는 모든 사람들에게 이 복음의 기쁜 소식을 전할 책임이 있기 때문이다.

1) 당신이 만약 암에 대한 치료책을 발견했다면 어떻게 하겠는가?

2) 그러면 당신이 복음(Good news)을 발견했다면 어떻게 하겠는가?

3) 로마서 1:14-16에서 바울은 '나는…' 이라는 말을 세 번이나 사용하면서 복음의 증인된 자의 태도를 설명하고 있다. 괄호 안에 자신의 이름을 넣고 큰 소리로 읽어보라.

(1) 14절 (　　　　)는 문화인이든 야만인이든, 지혜로운 사람이든 어리석은 사람이든, 모든 사람에게 빚진 자입니다.

(2) 15절 (　　　　)는 복음을 전파하기를 갈망합니다.

(3) 16절 (　　　　)는 복음을 부끄러워하지 않습니다.

이 세 가지의 뜻을 하나하나 묵상해 보자!

(1) 나는 빚진 자이다 :

(2) 나는 갈망한다 :

(3) 나는 부끄러워하지 않는다 :

4) 베드로는 우리에게 무엇을 항상 예비하라고 했는가? (벧전 3:15)

베드로전서 3:15 너희 마음에 그리스도를 주로 삼아 거룩하게 하고 너희 속에 있는 소망에 관한 이유를 묻는 자에게는 대답할 것을 항상 준비하되 온유와 두려움으로 하고

5) 사도행전 1:8에서 예수님이 하신 약속은 무엇인가?

6) 그리스도의 능력 안에서 전도할 대상 중 적어도 세 사람의 이름을 적어 보라.

증인이란 보고 들은 것을 증언하는 사람이다. 그는 자신의 개인적 체험을 간증한다. 누구든지 그리스도와 생명 관계를 맺은 사람은 그리스도의 증인이 될 수 있다. 전도는 그리스도인 생활의 흘러넘치는 표현이다. 우리 생활이 그리스도의 임재로 충만해 있다면 우리가 만나는 사람마다 그리스도를 전하지 않고는 견딜 수 없을 것이다. 생명력 넘치는 그리스도인의 생활은 전염성을 가지고 있다. 자신의 영향권의 사람들에게 그리스도의 복음을 전하는 것은 모든 그리스도인들의 의무이자 특권이다.

만일 효과적인 전도 방법을 알고자 한다면, '사영리'와 같은 전도지를 사용해 보라. 아래의 웹주소로 사영리와 그 외의 전도 자료를 신청하라.

순출판사 www.soonbook.co.kr

5 다섯 번째 필수품 - 여행 지침 따르기 : 순종

성공적인 여행의 마지막 필수품은 여행 지침서를 따라 여행하는 것이다. 특히 한번도 가보지 않은 나라나 지역, 또는 돌발적인 위험이 예상되는 곳일수록 준비된 지침이나 규칙을 철저하게 따라야 한다. 그렇지 않다면 즐거워야 할 여행이 힘들거나 위험한 여행이 될 수도 있다. 영적 여행도 만족스럽고 성공적인 여정이 되려면 말씀에 순종해야 한다.

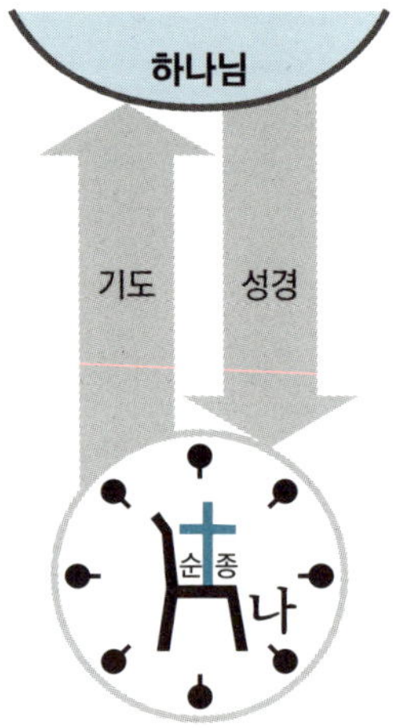

1) '성공의 비결에 대한 책을 읽었는데 아주 실제적인 조언이 많았다. 그래서 새로운 계획과 결심을 많이 했었다. 그런데 시간이 지난 후 나의 모습은 그 책을 읽기 전과 동일했다.'
이러한 경험이 있는가? 있다면 무엇이 문제이며 왜 그렇다고 생각하는가?

2) 그리스도의 계명을 지킨 결과는 무엇인가? (요 14:21; 15:10, 11)

3) 누가복음 6:46-49에 나오는 예수님의 비유에 비추어 볼 때, 그리스도께 순종하는 것이 왜 중요한가?

누가복음 6:46-49 46너희는 나를 불러 주여 주여 하면서도 어찌하여 내가 말하는 것을 행하지
아니하느냐 47내게 나아와 내 말을 듣고 행하는 자마다 누구와 같은 것을 너희에게 보이리라 48
집을 짓되 깊이 파고 주추를 반석 위에 놓은 사람과 같으니 큰물이 나서 탁류가 그 집에 부딪치되
잘 지었기 때문에 능히 요동하지 못하게 하였거니와 49듣고 행하지 아니하는 자는 주추 없이 흙
위에 집 지은 사람과 같으니 탁류가 부딪치매 집이 곧 무너져 파괴됨이 심하니라 하시니라

4) 하나님의 뜻에 순종할 수 있는 힘은 어디에서 얻을 수 있는가? (빌 2:13)

그리스도인의 삶의 성장 비결은 하나님의 뜻에 순종하는 것이다. 성장의 원리를 안다 해도 실제로 적용하지 않으면 아무런 가치가 없다. 우리를 사랑하고 우리에게 무엇이 가장 좋은가를 홀로 아시는 분께 순종하지 않는 것은 어리석은 일이다. 그리스도는 당신이 풍성한 삶을 사는 것을 당신보다 더 원하고 계심을 기억하라.

적용

1. 이 과에서 당신에게 가장 의미 있는 것은 무엇인가?

2. 신앙 성장을 위한 다섯 가지 요소 중 당신에게 부족하다고 여겨지는 요소들은 어떤 것들인가? 이 요소들을 어떻게 세워 나갈 것인가?

우리가 그리스도를 영접했을 때 그가 우리에게 영생을 주셨다는 것을 확신한 결과는 무엇인가? 그 결과는 근본적으로 우리가 두려움과 의심에서 해방되었고, 그분이 우리를 위해 계획하신 목적에 따라 의미 있는 생활을 하며, 하나님을 기쁘시게 할 수 있다는 것이다.

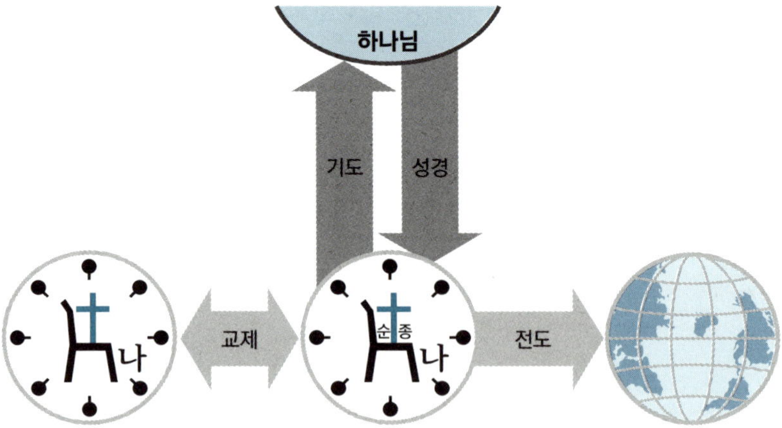

외울 말씀 요한복음 14:21
나의 계명을 지키는 자라야 나를 사랑하는 자니 나를 사랑하는 자는 내 아버지께 사랑을 받을 것이요 나도 그를 사랑하여 그에게 나를 나타내리라.

읽을 말씀 사도행전 2:14-47

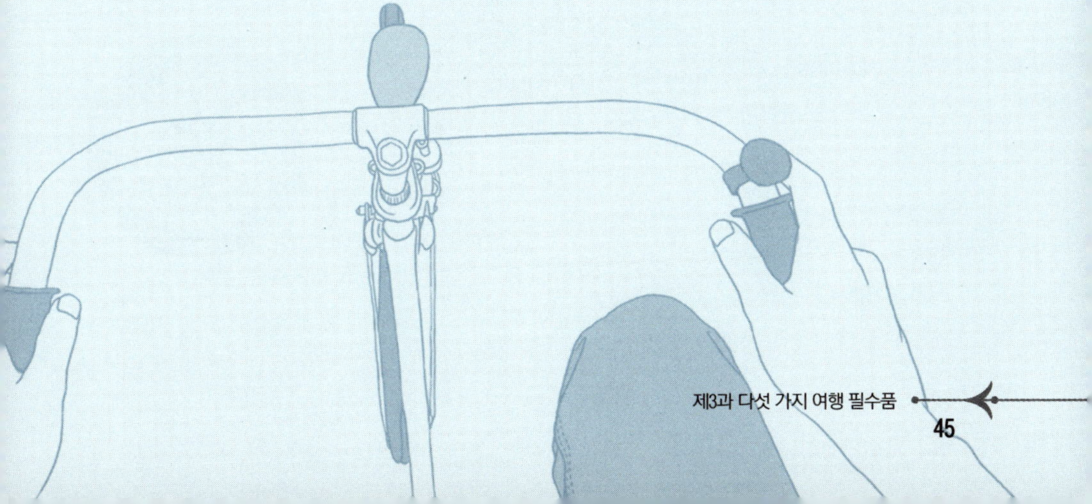

제4과

여행 필수품 1

나침반 : 성경

학 습 목 표 : 그리스도인의 일상생활에서 성경이 가지는 역할과 능력을 이해할 수 있다.

3과에서 간략하게 여행의 다섯 가지 필수품을 살펴보았다. 이번 과에서는 여행의 첫 번째 필수품인 나침반에 대해 자세히 알아볼 것이다. 여행자에게 나침반이 필요하듯이 그리스도인들에게는 영적 나침반인 성경이 필요하다.

나침반의 특징은 무엇인가?

성경이 가지고 있는 나침반과 같은 특징은 무엇인가?

무인도나 밀림 또는 사막을 여행할 때 그 지역에 대한 지식과 정보가 많다고 해도 방향을 정확히 알지 못하면 아무 소용이 없다. 어디로 가야할지 알 수 없는 상황 속에서는 가야할 방향을 가르쳐주는 나침반을 절대적으로 의지해야 한다. 마찬가지로 소용돌이치는 우리의 삶의 여정에서도 절대적으로 의지해야 하는 것이 바로 하나님의 말씀인 성경이다.

예수님은 '성경은 하나님 말씀이요 폐하지 못한다.'고 말씀하셨다(요 10:34-36). 마귀의 시험을 당하실 때에도 성경 말씀(구약성경)을 권위 있게 사용하심으로 마귀의 유혹을 물리치셨다(마 4:4-7, 10). 이것은 그리스도께서 구약성경에 대해 높이 평가하셨음을 보여 준다. 뿐만 아니라 그리스도는 그를 따르는 사람들에게 자신이 바로 하나님의 말씀을 하고 있음을 나타내셨고(요 3:34), 그의 말씀은 천지가 없어져도 없어지지 않는 영원히 살아 있는 권위임을 가르치셨다(마 24:35). 또한 예수님이 하신 말씀을 사람의 기억이나 이해력에만 의존하지 않고, 성령께서 오셔서 그것을 기억나게 하여 정확하게 기록하고 전하도록 도와주실 것을 말씀하셨다(요 16:12-15). 예수님은 성경 말씀을 하나님의 말씀이요, 그의 삶과 사역에 절대 권위로 받아들이셨다.

1 성경의 권위에 대한 성경의 주장

1) 구약의 예언자들은 자신들의 기록에 대해 어떻게 주장했는가?

(1) 이사야 43:1, 12

이사야 43:1, 12 [1]야곱아 너를 창조하신 여호와께서 지금 말씀하시느니라 이스라엘아 너를
지으신 이가 말씀하시느니라 너는 두려워하지 말라 내가 너를 구속하였고 내가 너를 지명하여
불렀나니 너는 내 것이라
[12]내가 알려 주었으며 구원하였으며 보였고 너희 중에 다른 신이 없었나니 그러므로 너희는
나의 증인이요 나는 하나님이니라 여호와의 말씀이니라

(2) 예레미야 23:1-4

예레미야 23:1-4 [1]여호와의 말씀이니라 내 목장의 양 떼를 멸하며 흩어지게 하는 목자에게
화 있으리라 [2]그러므로 이스라엘의 하나님 여호와께서 내 백성을 기르는 목자에게 이와 같이
말씀하시니라 너희가 내 양 떼를 흩으며 그것을 몰아내고 돌보지 아니하였도다 보라 내가
너희의 악행 때문에 너희에게 보응하리라 여호와의 말씀이니라 [3]내가 내 양 떼의 남은 것을 그
몰려 갔던 모든 지방에서 모아 다시 그 우리로 돌아오게 하리니 그들의 생육이 번성할 것이며 [4]
내가 그들을 기르는 목자들을 그들 위에 세우리니 그들이 다시는 두려워하거나 놀라거나 잃어
버리지 아니하리라 여호와의 말씀이니라

(3) 호세아 1:1

호세아 1:1 웃시야와 요담과 아하스와 히스기야가 이어 유다 왕이 된 시대 곧 요아스의 아들
여로보암이 이스라엘 왕이 된 시대에 브에리의 아들 호세아에게 임한 여호와의 말씀이라

칼 헨리(Carl F. H. Henry)는 구약 예언자들에 대하여 다음과 같이 말한다.

"구약의 예언자들은 말과 글에서 자신들을 살아 계신 하나님의 대변자로 구별하고 확증했다. '여호와께서 말씀하시기를 …'이라는 말은 모든 예언자들이 특징적으로 사용한 끊임없이 반복되는 형식으로, 하나님이 그들을 하나님의 의사 전달을 위해 선택한 대리인이라고 그들 스스로 자처했음을 말해 준다."

2) 신약의 저자들은 구약성경이나 자신들의 글에 대해 어떻게 평했는가?

(1) 바울 (롬 3:1-2)

(2) 베드로 (벧후 1:20-21)

(3) 히브리서 저자 (히 1:1)

3) 성경은 정확하고 신뢰할 만한가?

네 명의 사람에게 아무런 설명을 하지 않고 각각 책상 다리를 1개씩 만들어 오도록 한다면, 그들이 만들어 온 다리로 책상을 만들었을 때 평형이 유지될 확률은 얼마나 되겠는가? 책상 다리 네 개의 조율이 반드시 필요할 것이다. 하물며 66권의 다양한 책을 가지고 있으면서도 그 내용의 통일성과 지속성을 보여 준다는 것은 성경이 인간의 책이 아니라 ( )이라는 증거이다.

성경은 ( )년 이상의 기간 동안 ( )명 이상의 서로 다른 계층의 사람들, 곧 왕, 농부, 철학자, 어부 등에 의해 기록되었다. 각각의 서로 다른 장소, 즉 광야, 편안한 집, 감옥에서 서로 다른 시기에 기록되었다. 세 개의 대륙 아시아, 아프리카, 유럽에서 세 개의 언어 히브리어, 아람어, 헬라어로 기록되었다.

이러한 다양성에도 불구하고, 성경의 ( )이 유지되는 까닭은 성경의 모든 저자들이 '하나님께서 인간을 구원하셨다'는 오직 한 가지 주제에 집중하기 때문이다.

2 성경공부의 목적

1) 하나님의 말씀을 공부할 때 얻을 수 있는 여러 가지 유익을 말해 보라. (딤후 3:15-17)

2) 사도행전 20:32에서 바울은 하나님의 말씀이 할 수 있는 두 가지 일을 말하고 있다. 무엇인가?

3) 성경을 읽을 때, 당신의 생활에서 어떤 변화가 나타나야 한다고 생각하는가?

“여러분은 말씀을 실천하는 사람이 되고 그저 듣기만 하여 스스로를 속이는 사람이 되지 마십시오. 말씀을 듣고도 행하지 않는 사람은 마치 거울 속에 자기 얼굴을 들여다 보지만 거울 앞을 떠나면 곧 자기 모습을 잊어버리는 사람과 같습니다. 그러나 자유를 주는 완전한 율법을 잘 살피고 그것을 지키는 자는 듣고 잊어버리는 사람이 아니라 들은 대로 실천하는 사람입니다. 이런 사람은 자신이 행한 일에 복을 받을 것입니다”(약 1:22-25, 쉽게 번역함).

3 개인 성경공부 방법

성경을 우리 삶의 길을 안내하는 영적 나침반으로 생각한다면, 우리는 성경공부 하는 것을 삶의 최우선으로 삼게 될 것이다. 어떻게 성경공부를 잘 할 수 있는지 그 방법을 알아보자.

1) 준비 : 마음, 최선의 시간과 장소, 도구들을 준비하라.

(1) 원하는 시간과 장소를 적어 보라.

(2) 도구는 어떤 것이 필요한가?

2) 성경공부 방법

(1) 관찰 : 이 구절(단락)은 무엇을 말하고 있는가?

먼저 전체 내용을 빨리 읽으라. 중요한 말이나 구절에 유념하여 주의 깊게 다시 읽으라.

이 구절(단락)이 어떤 행동 또는 어떤 내용을 말하고 있는지를 기록하라.

(2) 해석 : 이 구절(단락)이 의미하는 것은 무엇인가?

앞에서 한 관찰의 내용을 6하 원칙(누가? 언제? 어디서? 무엇을? 어떻게? 왜?)에 따라 질문해 보라.

구절(단락)의 맥락과 관련 성경구절에 비추어 의미를 살펴보라.

성경 저자가 의도한 의미가 무엇인지 발견하도록 하라.

단어의 정확한 뜻을 알기 위해 성경사전이나 최신번역 성경을 찾아보라.

(3) 적용 : 이 구절(단락)이 나에게 어떤 의미가 있으며, 내 삶에 어떻게 적용할 것인가?

아래의 **SPACE**의 내용을 포함한 표를 만들라.

고백해야 할 죄가 있는가? (**S**ins to confess)

붙들어야 할 약속이 있는가? (**P**romises to claim)

피해야 할 행동이 있는가? (**A**ction to avoid)

순종해야 할 명령이 있는가? (**C**ommands to obey)

따라야 할 모범이 있는가? (**E**xamples to follow)

이해한 내용을 삶에 적용하고 실행할 수 있게 해 달라고 기도하라.

4 실습

요한복음 15:5을 위에서 배운대로 관찰, 해석, 적용해 보라.

요한복음 15:5 나는 포도나무요 너희는 가지라 그가 내 안에, 내가 그 안에 거하면 사람이 열매를 많이 맺나니 나를 떠나서는 너희가 아무것도 할 수 없음이라

관찰	
해석	
적용	

적용

1. 이 과에서 당신에게 가장 의미 있는 것은 무엇인가?

2. 성경 말씀을 생활에 적용하기 힘들다면 왜 그런지 나누어 보라.

3. 다음 한 주 동안 누가복음 19:1-10을 정한 시간에 배운 방법대로 공부해 보라.

관찰	해석	적용

외울 말씀 데살로니가전서 2:13

이러므로 우리가 하나님께 끊임없이 감사함은 너희가 우리에게 들은 바 하나님의 말씀을 받을 때에 사람의 말로 받지 아니하고 하나님의 말씀으로 받음이니 진실로 그러하도다 이 말씀이 또한 너희 믿는 자 가운데에서 역사하느니라.

읽을 말씀 시편 119:97-104

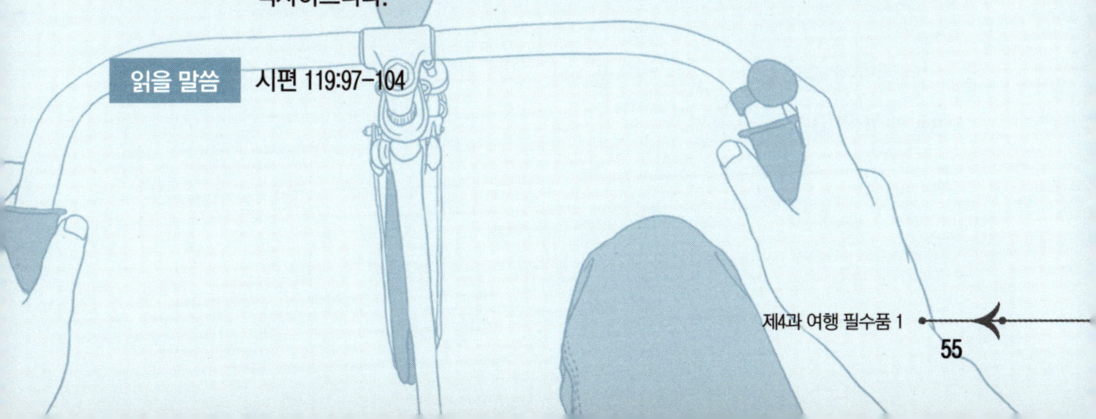

제5과

여행 필수품 2

휴대전화 : 기도

학 습 목 표 : 개인 기도생활을 발전시키는 방법을 배운다.

여행의 두 번째 필수품은 휴대전화다. 여행의 즐거움을 가족이나 친구에게 전해주고 여행 중에 긴급 상황이나 어려움을 만났을 때 구조 요청을 위해서도 휴대전화는 필수적이다. 마찬가지로 영적인 여행에도 휴대전화 기능을 하는 것이 있다. 그것이 바로 기도다.

여행 중에 휴대전화가 없다면 어떻게 될까? 휴대전화는 어떤 역할을 하는가?

....

....

여행에서 휴대전화와 같은 역할을 하는 것이 기도라면, 기도는 그리스도인의 신앙생활에서 어떤 역할을 할까?

....

....

의사소통은 성공적인 관계를 맺는 데 반드시 필요한 요소이다. 이는 하나님과의 관계에서도 마찬가지다. 하나님과 의사소통하는 것이 바로 기도이다. 기도는 말하는 것 그 이상이다. 기도는 하나님을 향한 우리의 마음을 표현하는 것이다. 하나의 활동(종교 행위)이 아니라 경험이며 관계이다.

하나님의 자녀로서 우리는 담대하게 하나님의 보좌 앞에 나가도록 초대받았다. 히브리서 저자는 "그러므로 우리에게 큰 대제사장이 계시니 승천하신 이 곧 하나님 아들 예수시라... 그러므로 우리는 긍휼하심을 받고 때를 따라 돕는 은혜를 얻기 위하여 은혜의 보좌 앞에 담대히 나아갈 것이니라."(히 4:14, 16)라고 말한다.

우리의 기도를 들으시는 하나님은 모든 만물의 창조주이시며 만왕의 왕이므로, 우리는 경외하는 마음을 가지고 하나님 앞에 나아가야 한다. 뿐만 아니라 하나님은 우리를 사랑하시며 돌보시는 하늘에 계신 아버지이다. 그러므로 하나님은 어느 누구보다도 더 나를 사랑하는 분이라는 확신을 가지고 기쁘고 편한 마음으로 하나님의 임재 앞에 나아갈 수 있다.

1 기도란 무엇인가?

1) 기도는 우리의 ________ 이다. (렘 33:3)

> 예레미야 33:3 너는 내게 부르짖으라 내가 네게 응답하겠고 네가 알지 못하는 크고 은밀한 일을 네게 보이리라

* 우리가 하나님께 기도하면, 크신 왕이요 거룩하신 하나님께서는 우리 기도를 들으시고 ________ 하시겠다고 약속하셨다.

대통령에게 메일을 보냈는데 직접 답장을 받았다고 하자! 눈이 휘둥그레지지 않겠는가! 하나님께서 우리 기도에 직접 응답하신다. 얼마나 놀라운가!

2) 하나님께서는 .... 가 말하는 것을 듣고 싶어 하신다. (잠 15:8; 시 27:8; 시 62:8; 요 4:23)

잠언 15:8 악인의 제사는 여호와께서 미워하셔도 정직한 자의 기도는 그가 기뻐하시느니라

시편 27:8 너희는 내 얼굴을 찾으라 하실 때에 내가 마음으로 주께 말하되 여호와여 내가 주의 얼굴을 찾으리이다 하였나이다

시편 62:8 백성들아 시시로 그를 의지하고 그의 앞에 마음을 토하라 하나님은 우리의 피난처시로다

요한복음 4:23 아버지께 참되게 예배하는 자들은 영과 진리로 예배할 때가 오나니 곧 이 때라 아버지께서는 자기에게 이렇게 예배하는 자들을 찾으시느니라

* 하나님은 우리와의 교제를 .... 고대하신다.
* 순간순간 하나님을 의지하고 하나님 앞에 .... 을 다 쏟아놓으라고 말씀하신다.

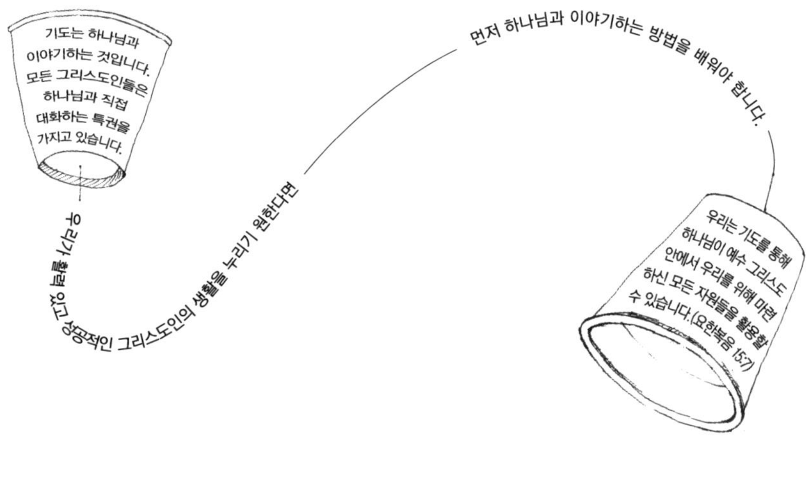

3) 하나님은 우리의 필요를 듣고 .... 으로 채워 주기를 원하신다. (마 7:11; 요 16:24)

마태복음 7:11 너희가 악한 자라도 좋은 것으로 자식에게 줄줄 알거든 하물며 하늘에 계신 너희 아버지께서 구하는 자에게 좋은 것으로 주시지 않겠느냐

요한복음 16:24 지금까지는 너희가 내 이름으로 아무것도 구하지 아니하였으나 구하라 그리하면 받으리니 너희 기쁨이 충만하리라

* 하나님은 언제든지 그의 자녀의 문제를 해결해 주시고 도와주실 준비가 되어 있으시다.
* 또한 하나님은 그의 자녀가 .... 을 구할 때 가장 좋은 것으로 주신다.

4) 기도는 .... 에 빠지지 않게 해주며 죄를 짓지 않도록 지켜준다. (마 26:41)

마태복음 26:41 시험에 들지 않게 깨어 기도하라 마음에는 원이로되 육신이 약하도다 하시고

기도란 하나님과 우리 사이의 .... 이다. 대화는 한쪽에서만 말하는 것이 아니고, 양쪽 모두 자연스럽게 참여할 때 이루어진다. 상대편 말을 듣는 것이 대화의 본질적인 요소이다. 하나님은 즐거이 우리 이야기를 듣기 원하신다.

우리는 일반적으로 기도에 대해 우리 편에서의 의미와 유익만을 생각한다. 우리에게 기도가 놀라운 특권이요 유익을 주기도 하지만, 하나님께서도 우리의 기도를 기뻐하시고 고대하시면서 기도하라고 말씀하신다.

2 어떻게 기도할까?

1) 아래 구절들은 기도하는 방법에 대해서 무엇을 가르치고 있는가?

마태복음 6:5-7

(1) (　　　　　)에게 보이려고 기도하지 말라(5절).

(2) (　　　　　　　) 중에 계신 아버지 하나님께 기도하라(6절).

(3) (　　　　　)을 외우듯 이미 한 말을 반복해서 하거나 유창한 말로 길게 기도를 해야 들어 주실 것이라고 생각하지 말라(7절).

* 기도는 (　　　　　　　　)가 아니다. 자신의 덕을 쌓거나 남에게 믿음이 좋게 보이기 위해 하는 행위가 되어서는 안 된다. 하늘 아버지가 되시는 하나님과 (　　　　　　)으로 (　　　　　　)으로 깊이 (　　　　　　)하는 것이다.

마태복음 18:19-20

두 사람이 주 안에서 (　　　　　　　　) 무엇이든지 구하면 하나님께서 이루어주신다.

두세 사람이 (　　　　　　　　)으로 모이면 주님도 그곳에 함께하신다.

2) 사도행전 4:24-30에서 찾을 수 있는 기도의 필수 요소들은 무엇인가?

지금 잠시 당신의 삶속에서 기도를 통해 감사했던 경험이나 그렇지 못한 경험이 있다면 함께 나누어 보라.

3 효과적인 기도생활을 위한 단계들

1) 거하라. (요 15:7)

요한복음 15:7 너희가 내 안에 거하고 내 말이 너희 안에 거하면 무엇이든지 원하는 대로 구하라 그리하면 이루리라

거한다는 말은 무슨 뜻인가? 예수님 안에 우리가 어떻게 거할 수 있는가?

2) 구하라. (마 7:7; 6:8; 겔 36:37)

마태복음 7:7 구하라 그리하면 너희에게 주실 것이요 찾으라 그리하면 찾아낼 것이요 문을 두드리라 그리하면 너희에게 열릴 것이니

마태복음 6:8 그러므로 그들을 본받지 말라 구하기 전에 너희에게 있어야 할 것을 하나님 너희 아버지께서 아시느니라

에스겔 36:37 주 여호와께서 이같이 말씀하셨느니라 그래도 이스라엘 족속이 이같이 자기들에게 이루어 주기를 내게 구하여야 할지라 내가 그들의 수효를 양 떼 같이 많아지게 하되

성경은 우리에게 필요한 것을 구하라고 하셨다. 하나님은 모든 것을 아시지만 하나님께 구하는 것이 우리의 믿음을 표현하는 방법이다. 그러므로 하나님은 우리가 구하는 것을 원하신다.

(1) 구해도 받지 못할 수 있는가? 왜 그런가? (약 4:2-3)

야고보서 4:2-3 [2]너희는 욕심을 내어도 얻지 못하여 살인하며 시기하여도 능히 취하지 못하므로 다투고 싸우는도다 너희가 얻지 못함은 구하지 아니하기 때문이요 [3]구하여도 받지 못함은 정욕으로 쓰려고 잘못 구하기 때문이라

(2) 언제까지 기도해야 하는가?

3) 신뢰하라. (눅 11:11-13)

누가복음 11:11-13 [11]너희 중에 아버지 된 자로서 누가 아들이 생선을 달라 하는데 생선 대신에 뱀을 주며 [12]알을 달라 하는데 전갈을 주겠느냐 [13]너희가 악할지라도 좋은 것을 자식에게 줄 줄 알거든 하물며 너희 하늘 아버지께서 구하는 자에게 성령을 주시지 않겠느냐 하시니라

하나님은 구하고 찾고 두드리는 자에게 응답하신다. 악한 자도 자식에게는 좋은 것으로 주는데 하물며 하나님께서 구하는 자에게 좋은 것을 주시지 않겠는가! 하나님은 자녀에게 필요한 것을 가장 좋은 것으로 주신다. 특히 성령을 구하는 자에게 반드시 주신다.

'신뢰'의 근거는 나에게 달려 있는 것이 아니라 하나님께 달려 있다. 그분은 신뢰할 만한 분이시다. 하나님이 기도하라고 요구하셨다면 그것을 가볍게 여기지 말라. 하나님은 헛된 요구를 하지 않으신다. 하나님은 절대적으로 선하시기 때문에 그 응답이 눈

에 보이지 않고 더딜지라도 신뢰하며 기도해야 한다. 기도한 것은 다 응답해 주신다는 것을 신뢰하라.

* 그런데 왜 하나님이 응답하시지 않는다고 느껴질 때가 있는가?

* 하나님은 세 가지로 기도에 응답하신다.

① Yes

② No : 어린 아이가 칼을 장난감으로 달라고 하면 부모가 No하지 않겠는가! 하나님께서 우리를 사랑하시므로 보호하시려고 우리가 우리 자신에게 유익이 되지 않는 것을 구할 때 No하신다. 그것 또한 기도의 응답이다.

③ Wait(기다리라) : 하나님의 때를 기다려야 한다. 이때 끝까지 낙심하지 말고 기다려야 한다.

4) 받아들이라. (마 21:22)

마태복음 21:22 너희가 기도할 때에 무엇이든지 믿고 구하는 것은 다 받으리라 하시니라

믿음을 가지고 하나님의 뜻대로 구한 기도는 반드시 응답된다는 것을 믿고 감사함으로 받아들여라. 믿고 구했으면 받은 줄로 여기라.

5) 감사하라. (빌 4:6; 살전 5:16-18)

빌립보서 4:6 아무 것도 염려하지 말고 다만 모든 일에 기도와 간구로, 너희 구할 것을 감사함으로 하나님께 아뢰라

데살로니가전서 5:16-18 [16]항상 기뻐하라 [17]쉬지 말고 기도하라 [18]범사에 감사하라 이것이 그리스도 예수 안에서 너희를 향하신 하나님의 뜻이니라

모든 일에 기도하되 감사함으로 하나님께 구하라고 하신다.

적용

1. 이 과에서 당신에게 가장 의미 있는 것은 무엇인가?

2. 당신의 기도를 방해하는 것들은 무엇인가?

3. 매일 기도할 시간과 장소를 적어 보라.

4. 효과적인 기도생활을 위해 기도수첩을 사용하라.
   (1) 매일 기도하고 싶은 사람들의 이름과 감사와 찬양의 제목들을 적으라.
   (2) 기도한 날짜, 기도 제목들, 기도 제목과 관련된 성경 구절을 기록하라. 각 기도 제목에는 응답된 내용과 날짜를 기록할 여백을 만들라.
   (3) 기도가 응답되었을 때 언제 어떻게 응답되었는지에 대해서만 아니라 어떤 말씀을 더 깊이 깨닫게 되었는지 무엇을 배웠는지 등을 적으라.
   (4) 기도할 때 참고하거나 혹은 마음에 떠오르는 관심, 필요, 찬양 제목, 감사 제목들을 기록할 수 있도록 기도수첩을 성경책과 함께 두라.

외울 말씀 마가복음 11:24
그러므로 내가 너희에게 말하노니 무엇이든지 기도하고 구하는 것은
받은 줄로 믿으라 그리하면 너희에게 그대로 되리라

읽을 말씀 빌립보서 4:6; 시편 62:8; 행 4:23-33

제6과

여행 100배 즐기기

- 그리스도인의 교제와 교회 -

학 습 목 표 : 그리스도인의 교제의 중요성과 지역교회에 참여하는 것의 중요성을 알 수 있다.

친구들과 함께 여행을 할 때 즐거움은 더욱 커진다. 물론 여행 중 관점이 다르거나 의견이 다를 때도 있지만 그로 인해 더 많은 것을 배우게 된다. 우리의 영적 여행도 이와 마찬가지다. 다른 그리스도인들과 함께 교제할 때 우리의 믿음이 더욱 풍성해지고 깊이 성장할 수 있다.

장작 한 개를 놓고 불을 지피면 불이 금방 꺼지지만, 여러 개를 모아놓고 불을 지피면 활활 타오르듯이 그리스도인도 교제를 통해서 영적 성숙이 일어난다. 성도들도 혼자 있을 때 사탄의 공격에 약해지고 죄의 유혹에 넘어가기 쉽다. 그렇기 때문에 성도들은 서로 모여 교제하고 격려하는 것이 절대적으로 필요하다. 따라서 건강한 교회를 찾아서 정기적인 예배를 드리는 것은 무엇보다 중요하다.

헬라어 신약 성경에는 교회를 '에클레시아'(ekklesia)라고 표현한다. 이 말은 '모임'

혹은 '믿는 자의 무리'라는 뜻이다. 교회라는 말은 두 가지 기본적인 의미가 있다. 하나는 그리스도인들이 함께 모여서 예배하고 성경을 공부하고 가르치며 봉사하는 지역교회를 의미하고, 다른 하나는 예수 그리스도 안에 있는 모든 믿는 자를 총칭하는 우주적 교회를 의미를 갖는다.

'교제'란 무엇인가?

'교제'는 헬라어로 '코이노니아'(Koinonia)인데 서로 동업한다는 의미가 있다. 즉, 같은 목적을 도모하는 자들이 모여서 함께 일을 하는 것이다. 그러므로 그리스도인들은 서로 모여 주님이 하라고 맡겨 주신 일들을 함께 해 가는 것이 중요하다.

다른 그리스도인들과 교제할 때 어떤 유익이 있는가?

1 교회의 구성

1) 성경은 예수님과 교회와 믿는 자의 관계를 어떻게 묘사하는가? (골 1:18; 고전 12:27)

골로새서 1:18 그는 몸인 교회의 머리시라 그가 근본이시요 죽은 자들 가운데서 먼저 나신 이시니 이는 친히 만물의 으뜸이 되려 하심이요

고린도전서 12:27 너희는 그리스도의 몸이요 지체의 각 부분이라

그리스도는 .... 이고, 교회는 그의 .... 이며, 믿는 자들은 .... 의 각 부분이다.
몸은 서로 유기적으로 연합되어 있는 지체들로 이루어져 있다.
- 몸의 지체는 각각 역할을 가지고 있고 몸은 지체 각 부분의 역할을 필요로 한다.
- 이것이 교제해야 하는 이유이다.

2) 초대 그리스도인들에게서 우리가 본받아야 할 것은 무엇인가?

사도행전 4:31

....

....

사도행전 4:31 빌기를 다하매 모인 곳이 진동하더니 무리가 다 성령이 충만하여 담대히 하나님의 말씀을 전하니라

사도행전 5:41-42

....

....

사도행전 5:41-42 [41]사도들은 그 이름을 위하여 능욕 받는 일에 합당한 자로 여기심을 기뻐하면서 공회 앞을 떠나니라 [42]그들이 날마다 성전에 있든지 집에 있든지 예수는 그리스도라고 가르치기와 전도하기를 그치지 아니하니라

3) 데살로니가전서 1:1-10을 읽고 하나님이 원하시는 성도의 자질들을 써 보라.

4) 위의 자질들 중 당신에게 두드러지게 나타나고 있는 것은 어떤 것인가?

2 교회의 의식

1) 세례

(1) 세례의 의미는 무엇인가? (롬 6:3-4)

로마서 6:3-4 [3]무릇 그리스도 예수와 합하여 세례를 받은 우리는 그의 죽으심과 합하여 세례를 받은 줄을 알지 못하느냐 [4]그러므로 우리가 그의 죽으심과 합하여 세례를 받음으로 그와 함께 장사되었나니 이는 아버지의 영광으로 말미암아 그리스도를 죽은 자 가운데서 살리심과 같이 우리로 또한 새 생명 가운데서 행하게 하려 함이라

(2) 왜 세례를 받아야 하는가? (마 28:18-19)

(3) 누가 세례를 받을 수 있는가?

(4) 당신은 세례를 받을 때 개인적으로 어떤 의미가 있었는가?

2) 성찬식

(1) 성찬식의 의미는 무엇인가? (고전 11:23-26)

고린도전서 11:23-26 23내가 너희에게 전한 것은 주께 받은 것이니 곧 주 예수께서 잡히시던
밤에 떡을 가지사 24축사하시고 떼어 이르시되 이것은 너희를 위하는 내 몸이니 이것을 행하여
나를 기념하라 하시고 25식후에 또한 그와 같이 잔을 가지시고 이르시되 이 잔은 내 피로 세운
새 언약이니 이것을 행하여 마실 때마다 나를 기념하라 하셨으니 26너희가 이 떡을 먹으며 이
잔을 마실 때마다 주의 죽으심을 그가 오실 때까지 전하는 것이니라

성찬식은 유월절 주님이 잡히시던 밤에 예수님에 의해 제정되었다. 예수님은 떡과 포도주를 가지고 축사하셨는데, 떡은 우리의 죄를 위해 희생 제물로 죽으신 주님의 몸을 상징하고, 포도주는 죄 사함을 얻게 하려고 많은 사람을 위하여 흘리신 예수님의 피를 상징한다. 이 떡을 먹고 포도주를 마시며 주님을 기념하고 주님의 죽으심을 주님 오실 때까지 선포하는 것이다.

(2) 성찬식에 누가 참여할 수 있는가?

3) 예배

(1) 예배란 무엇인가? 왜 주일마다 예배를 드려야 하는가? (롬 12:1)

로마서 12:1 그러므로 형제들아 내가 하나님의 모든 자비하심으로 너희를 권하노니 너희 몸을 하나님이 기뻐하시는 거룩한 산 제물로 드리라 이는 너희가 드릴 영적 예배니라

(2) 예배에 참석하기 위해 어떻게 준비되어야 하는가? (요 4:23-24)

요한복음 4:23-24 [23]아버지께 참되게 예배하는 자들은 영과 진리로 예배할 때가 오나니 곧 이 때라 아버지께서는 자기에게 이렇게 예배하는 자들을 찾으시느니라 [24]하나님은 영이시니 예배하는 자가 영과 진리로 예배할지니라

3 교회의 목적

1) 당신이 교회에 나가는 이유는 무엇인가?

2) 교회가 존재하는 가장 근본적인 목적은 무엇이라고 생각하는가? (딤후 4:2)

3) 교회는 그리스도에 관해 무엇을 믿어야 하는가?

(1) 예수님의 탄생 – 마태복음 1:23

마태복음 1:23 보라 처녀가 잉태하여 아들을 낳을 것이요 그의 이름은 임마누엘이라 하리라 하셨으니 이를 번역한즉 하나님이 우리와 함께 계시다 함이라

(2) 예수님의 신성 - 요한복음 1:14

요한복음 1:14 말씀이 육신이 되어 우리 가운데 거하시매 우리가 그의 영광을 보니 아버지의 독생자의 영광이요 은혜와 진리가 충만하더라

(3) 예수님의 죽음 - 베드로전서 2:24

베드로전서 2:24 친히 나무에 달려 그 몸으로 우리 죄를 담당하셨으니 이는 우리로 죄에 대하여 죽고 의에 대하여 살게 하려 하심이라 그가 채찍에 맞음으로 너희는 나음을 얻었나니

(4) 예수님의 부활 - 고린도전서 15:3-4

고린도전서 15:3-4 [3]내가 받은 것을 먼저 너희에게 전하였노니 이는 성경대로 그리스도께서
우리 죄를 위하여 죽으시고 [4]장사 지낸 바 되셨다가 성경대로 사흘 만에 다시 살아나사

(5) 예수님의 재림 - 데살로니가전서 4:16-17

데살로니가전서 4:16-17 [16]주께서 호령과 천사장의 소리와 하나님의 나팔 소리로 친히 하늘
로부터 강림하시리니 그리스도 안에서 죽은 자들이 먼저 일어나고 [17]그 후에 우리 살아남은
자들도 그들과 함께 구름 속으로 끌어 올려 공중에서 주를 영접하게 하시리니 그리하여 우리가
항상 주와 함께 있으리라

적용

1. 이 과에서 당신에게 가장 의미 있는 것은 무엇인가?

2. 아직 교회에 출석하고 있지 않고 있다면 기도하면서 방문해 보고 싶은 교회를 두 세 곳 적어 보라. 그 가운데 어느 한 곳을 정하도록 하라.

외울 말씀 골로새서 1:18
그는 몸인 교회의 머리시라 그가 근본이시요 죽은 자들 가운데서 먼저 나신 이시니 이는 친히 만물의 으뜸이 되려 하심이요

읽을 말씀 사도행전 2:41-47